Step1 如何捕捉日本觀光客

日本人観光客のつかまえ方

如何辨識日本的觀光客

日本人観光客の見分け方

日本人是個在國外很容易被認出的民族。
並非天生容貌特殊，卻立刻會被認出來。
日本人和台灣人同樣是亞洲人。
既然人種相同，為什麼會立刻露出破綻呢？
我試著去歸納辨識日本人的方法。
有些特徵很明顯一看就知道，但有一些日本人和
台灣人很像，這種微妙的類型也不能放過，
把他們全部網羅起來，就有更多機會成為朋友。

日本人は、外国ですぐに日本人とバレる国民です。
生まれつき特殊な容姿をしているワケでもないのに
すぐにバレます。
日本人と台湾人は同じアジア人。
同じ人種なのに、なぜバレる？
日本人の識別法を私なりにまとめてみました。
分かりきっているものもあると思いますが、
日本人だけど台湾人にそっくりな、
微妙なタイプ等も漏れなく見分けて
友達になるチャンスを広げてください。

台灣是個便於旅行的地方，尤其對一般日本人來說，更是隨時可以前往的旅行地。貧窮但有膽量、去哪裡都能生存的背包客不太來台灣。因為距離日本很近，和日本很相似，講日文也還滿能通的，對背包客來說 是個缺乏冒險精神的地方吧。但是，這類型的人通常很窮又小氣，還不太乾淨，所以不來也罷。也沒有那種花大錢去知名的渡假盛地，或是愛去有迪士尼等樂園的遊客。但是，我有特別的策略，稍後請見Step3（P3～）的應用篇。總之，和其他國家比起來，例外的日本觀光客很少，相較於其他亞洲國家，要辨識日本人真是超級簡單的任務。請到街上練習看看吧。

台湾は、とっても旅行しやすい所なので、特に一般的な日本人が来やすい旅行地です。貧乏だけど度胸があって、どこに行っても生きていけるようなバックパッカーはあまり来ません。距離も近いし、日本に似てるし、日本語が結構通じるので、バックパッカーにとって冒険心があまりうずかない場所なんでしょう。でも、この種の人たちは、大体が貧乏で、ケチで、不潔だったりするので来なくていいんだと思います。リゾートで有名だったり、ディズニーランドがある国に比べると、そういうのを好んでお金をバンバン落とす旅行客も少ないです。でも、これには特策がありますから、後でStep3（P.3～）の応用編を見てください。とにかく、他の国より例外の日本人観光客が少ないので、アジア各国の中でも日本人の識別はらくチンです。街に出てどんどん識別練習をしてみてください。

一起從外表來辨別看看。

雨傘＝台湾人

雨傘＝台湾人

您知道有所謂的「辨識日本觀光客最好的季節」嗎？

那就是夏天！　日本人在夏天，特別是外出旅行時，很喜歡戴帽子。然後，天氣一熱臉上就會冒出很多汗。尤其是鼻頭和鼻子下方會出現一滴滴的汗珠。台灣人可能已經習慣了熱天，在相同的環境下，似乎不像日本人一樣臉上這麼容易冒汗，喊熱的樣子也不像日本人那麼誇張。夏天來台灣的日本人，一定會熱得像狗一樣吐著舌頭喊：「熱昏了－熱斃了－熱死了－」而且，還會拿著手帕或是小毛巾，小心翼翼地按著臉上的汗珠。因為我在夏天總是一直擦汗 朋友問我：「妳總是帶著手帕嗎？」」才發現台灣人不太隨身攜帶手帕 汗水「不用管它自己會蒸發啦！」這是他們的說法。日本人覺得要等鼻子下方的汗珠乾掉的這段時間實在太醜了，所以會用手帕擦掉。

（＊註：日本人在台灣如果待上兩個夏天，臉上就不太會出汗了。所以，連長住台灣的日本人，看到從日本來的朋友坐在一旁汗流浹背的模樣，都會很驚訝。）

外見から見分けましょう。

帽子＝日本人

帽子＝日本人

帽子＝日本人

「日本人観光客の識別ベストシーズン」がある事をご存知ですか？

それは、夏！　日本人は、夏、特に旅行に行く時は、こぞって帽子をかぶっています。そして、暑いと顔にたくさん汗をかきます。鼻の頭とか鼻の下につぶつぶの汗を出しています。台湾人は暑さに慣れているせいか、同じ環境下でも、日本人ほど顔に汗をかかないみたいです。暑がってる様子も日本人ほど過剰ではないです。台湾に夏に来てる日本人なら、間違いなく犬のように舌を出して「あぢー、あぢー、あぢー」と言います。それから、ハンカチか小さいハンドタオルを持っていて、コマメに汗を拭き取っています。これは、私が夏に汗を拭いていたら、「いつもそれ持ってるの？」と言われたので気がつきました。台湾人は、あまりハンカチを持ち歩かないようです。汗など「ほっときゃ乾く」と言いました。日本人は、鼻の下に汗の玉がつぶつぶしてたら、乾くまでの間カッコわるいから、ハンカチで拭くんです。

（＊注：日本人でも台湾の夏を二度ほど越えると、あまり顔から汗が出なくなります。だから、長く台湾に住んでいる日本人でさえ、日本から来た友達が、隣でずぶ濡れに汗をかいているのを見てビックリします。）

會把包包斜背，手拿旅遊書或地圖，被導遊牽著走的就是典型的日本觀光客。因此，除了這一點外，這裡試著舉出其他的特徵。

日本人是變色龍體質。

一個團體內每個人都有相同的興趣，連穿著、隨身物品、髮型都很像。除了公司的員工旅遊等由外力組成的團體以外，朋友的話，每個人的氣質幾乎都很相近。

SARS 時，在街上看到幾個人走在一起的小團體時，如果有一個人戴口罩，後面跟著的人也都戴著口罩的話，那一定是日本人；即使第一個人戴口罩，但後面的人卻沒有戴口罩的就是台灣人。日本人是變色龍。

穿著比台灣人樸素。

日本人沒有台灣人那麼喜歡閃閃發亮、叮叮噹噹、有花紋、裝飾拼貼、知名人物造型等的華麗顯眼的衣服。他們喜歡設計簡潔的東西。日本人是『無印良品』之國的居民，如果看到喜歡穿有很多裝飾的人，大部分是台灣人。

カバンをタスキがけにしガイドブックや地図を持っていたり、ガイドさんに連れられているのは、典型的な日本人観光客です。なので、ここでは取り上げず、他の特徴を挙げていきます。

日本人はカメレオン体質。

一つのグループ内でみんな似たような趣味を共有しています。服や持ち物、髪型がそっくりです。会社の慰安旅行などの外的な力により無理に作られたグループを除き、友達同士ならみなソックリな雰囲気を持っています。

SARSの頃、街で数人のグループを見かけると、一人がマスクをしていれば、後から歩いて来る他の人たちも皆マスクをしているのが日本人で、先に目についた一人がマスクをしていても、同グループの他の人間がマスクをしていないのが台湾人でした。日本人は、カメレオン体質なのです。

服装は、台灣人に比べ地味。

びらびら、フリフリ、柄物、アップリケ、キャラクター物などの派手な服は、台湾人ほど好みません。デザインもこざっぱりした物を好みます。日本人は、『無印良品』の国の人間です。装飾が多めな物を好んでいたら、台湾人であることが多いです。

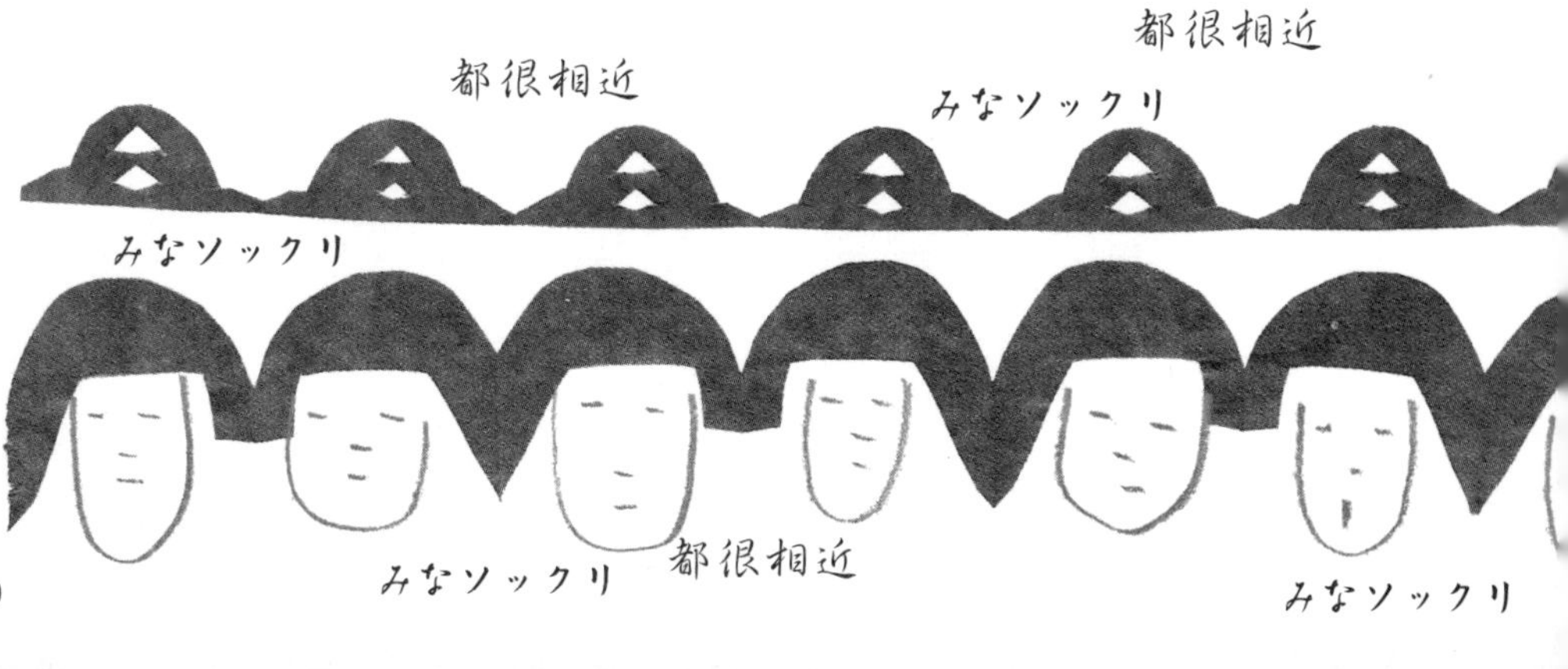

和台灣人比起來，安靜。

在沒有喝醉的狀態下，不會大笑出聲。

牙齒排列不整齊。

日本有很多人都有「八重齒」（虎牙）。所謂的八重齒就是前四顆門牙的兩旁有大大凸出去的虎牙。即使長得再可愛，有這種八重齒，很有可能牙縫會塞著昨天晚上吃過的飯菜。八重齒要刷乾淨很困難。除了有沒有八重齒外，日本人的牙齒排列比較亂七八糟。這是有原因的，台灣人平常吃的肉有很多都帶有骨頭，在日本不像台灣有很多啃帶骨肉的機會，

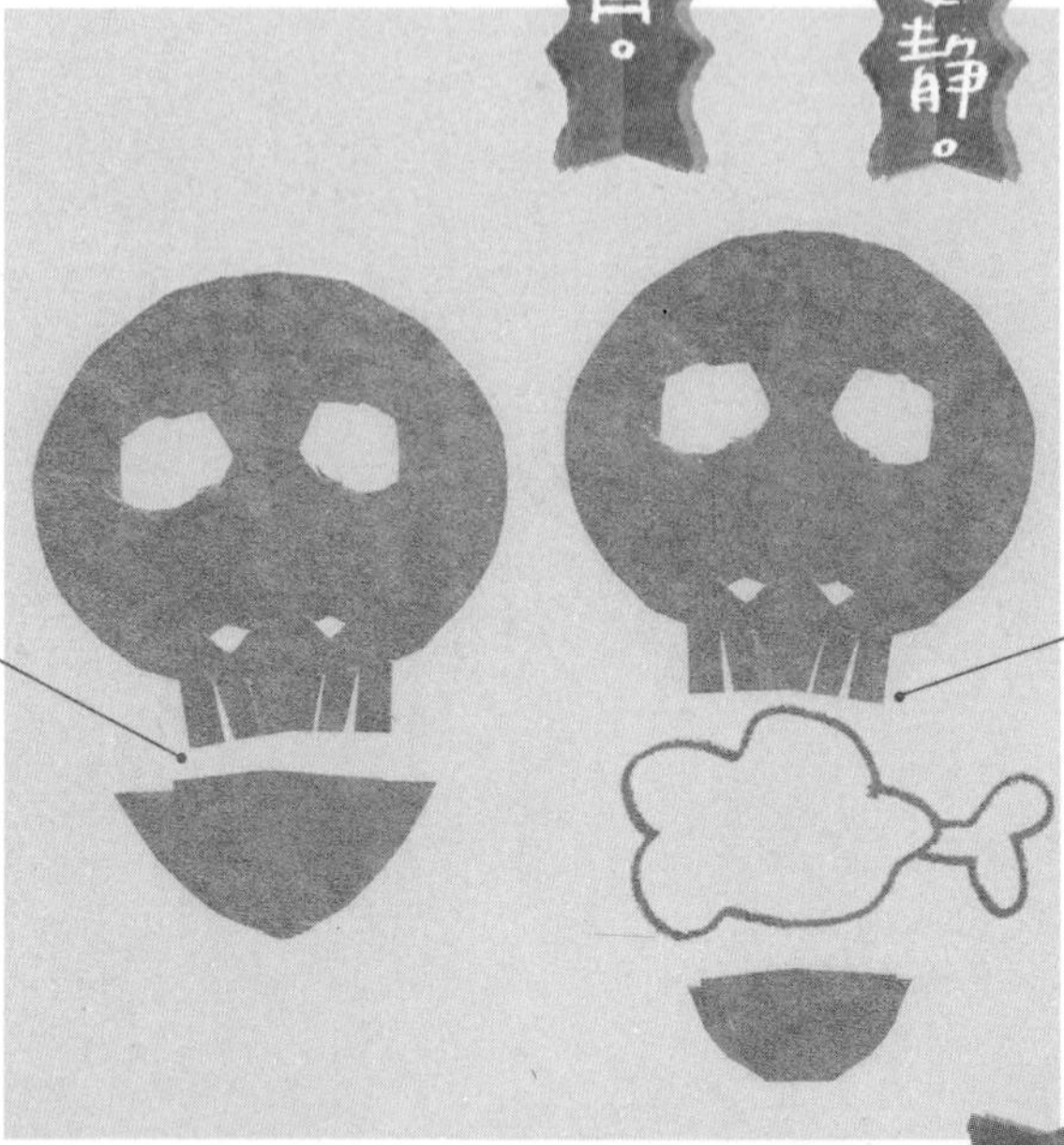

台湾人に比べ静か。

シラフの状態で、あまり大きい声で笑ったりしません。

歯並びが悪い。

日本人には「八重歯」がある人が多いです。八重歯とは、前の真ん中四本の歯の両脇にある飛び出た大きな牙です。どんなに可愛い子でも、八重歯があったらそこには昨日の夕ご飯のおかずが詰まってる可能性があります。八重歯は、歯磨きしにくいです。八重歯の有る無しを除いても、歯並びは、比較的ガタガタ。それには理由があります。台湾人の食べる肉にはよく骨が付いていますが、日本では、台湾ほど骨付き肉を食べるチャンスがなく、肉を食べ終った後、骨にかぶりついたりすることはありません。時にはバリッと噛み砕き、中の髄をちゅうちゅう吸ったり

所以沒有機會像台灣人一樣在吃完肉後，會拿起骨頭來啃。有時還會看到台灣的女生把骨頭咬碎，啾啾地吸著骨頭裡的髓，所以我認為台灣人的下顎和牙齒都很堅固。日本人的下顎可能終其一生不曾咬碎過大骨頭，也許是因為這樣，日本人已退化的又小又瘦弱的可憐下顎，實在很難完美收納二十八～三十二顆的牙齒，所以牙齒的排列才會這麼不整齊。

相較於台灣人，氣弱了些。

日本社會，很多人光是「通勤、通學單趟就要兩小時」，其他生活上的無形壓力也很多。再加上來台灣之前可能還在加班，勉強才能擠出休假來旅行，當然都是一副疲憊的模樣。雖然看似興奮快樂，但其實骨子裡很無力，一眼就能看穿。而且日本人不像台灣人吃很多滋養的食物，底子比較虛。

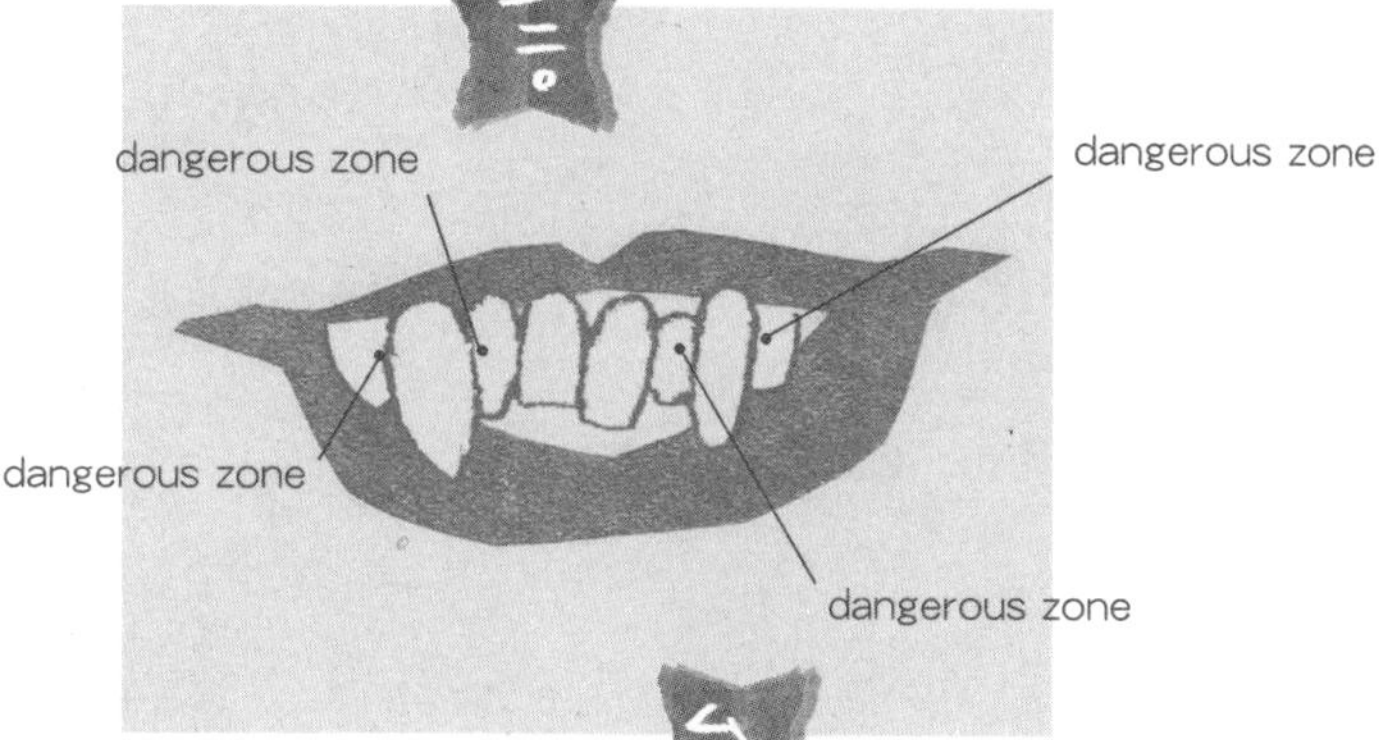

dangerous zone
dangerous zone
dangerous zone
dangerous zone

する台湾の女子を見かけると、「台湾人は、顎も歯も頑丈なんだな」と思います。太い骨を噛み砕くこともなく一生を終えるのが日本人の顎です。日本人の退化してしまった、小さく、華奢で、可憐な顎には、二十八～三十二本の歯がキレイに収まらないので、歯並びが悪くなっているのだと思います。

台湾人に比べオーラがちょっと弱い。

「通勤、通学時間は片道二時間」なんて人も少なくない日本社会。その他にも生活上のストレスがいっぱいあります。その上、台湾旅行前に残業をして、無理に休暇を取って来るので、みんな当然疲れ気味。楽しそうにはしゃいでるように見えても、腹の底に力が入ってない感じが見え見え。それに台湾人ほど滋養のある物を食べてないし。

穿著很好走的鞋子。

西方的觀光客有些會穿海灘涼鞋或是時髦的高跟鞋或皮鞋，但是日本人旅行時絕對穿的是很好走的鞋子。因為小學時在遠足前的〈遠足注意事項〉中寫著「遠足時要穿好走的鞋子」的關係吧。

吃辣的食物時，還是滿臉汗。

吃辣的食物時，台灣人好像不太會流汗，而是比較會流鼻水（只有我這麼覺得嗎……）。

很多人會紋眉和紋眼線

台灣的歐巴桑因為懶得化粧，會在臉上刺青紋線。而且顏色有的還偏向青綠色。日本人最近也有人這麼做，但做得比較不顯眼。如果十分明顯，肯定是台灣人。

歩きやすい靴を履いている。

西洋人は、ビーチサンダルとか、オシャレしてハイヒールや革靴を履いてる観光客もいますが、日本人は、旅行時には絶対に歩きやすい靴を履いています。小学校で遠足の前にもらう〈遠足のしおり〉に、「遠足には歩きやすい靴を履いていきましょう」と書いてあったからだと思います。

辛い食べ物を与えるとやはり顔に汗をかく。

辛い物を食べたら、台湾人は、どちらかと言うと汗より鼻を垂らします（気のせいかな…）。

眉毛やアイラインを入れ墨している人は少ない。

台湾のおばさんはよく化粧の手抜きのため、顔に入れ墨をしてる。色も青緑っぽかったりする。日本人も最近してる人いるけど、比較的バレにくい。バレバレだったらそれは台湾人。

note

其他如果有想到的，請記下自己發現的辨識方法。

他に思いつくものがあったら、独自の見分け方をメモして下さい。

日本人

じいさん　ばあさん

おっさん　おばさん

おとうさん　おかあさん

おにいさん　おねえさん

爺爺　婆婆

歐吉桑　歐巴桑

爸爸　媽媽

大哥　大姐

基本タイプは
大体こんなもん。

基本的類型有幾種。

よろしくね。

請多多指教。

座右銘

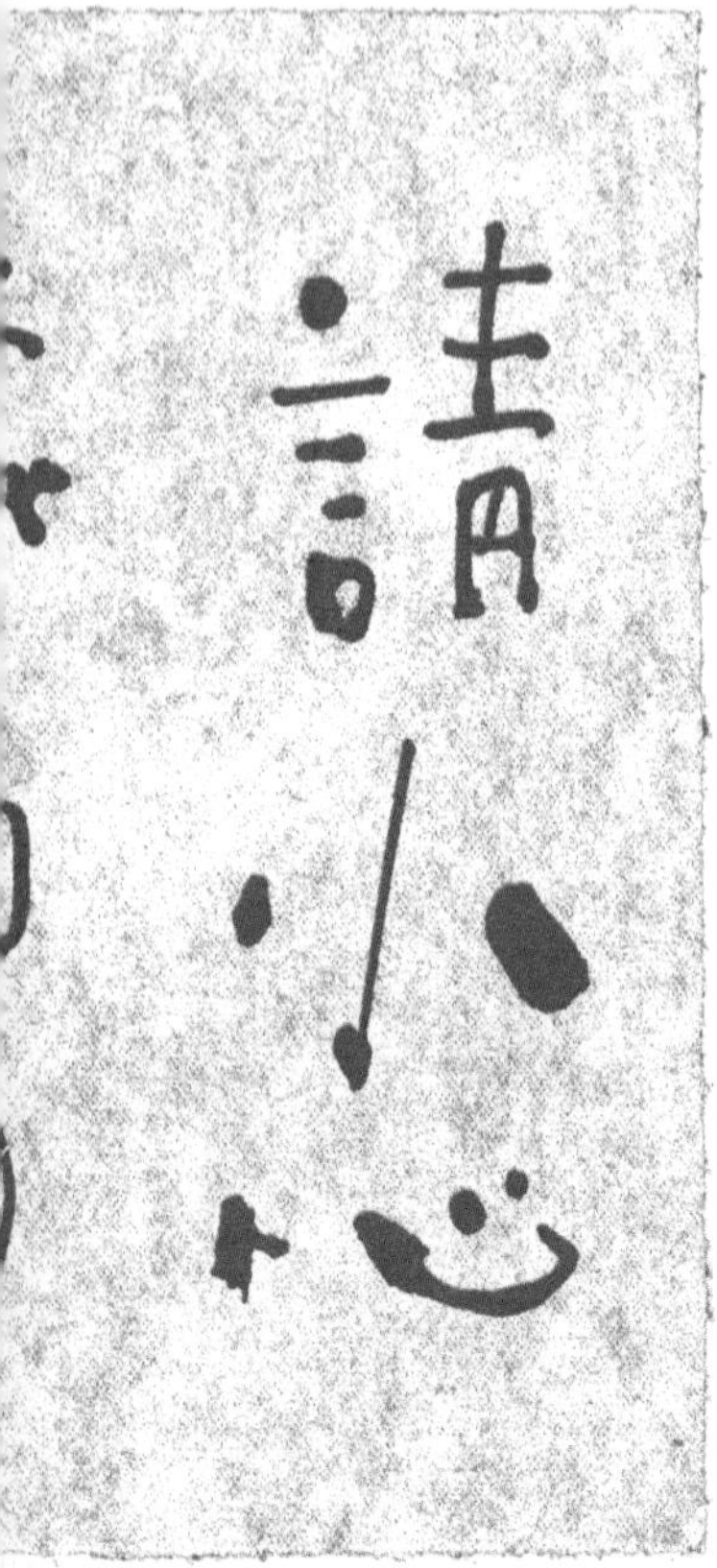

以內在（性格）來分辨看看。

日本人乍看之下人很好。

因為想說的話都忍住不說，總是說恭維的表面話，所以看起來人似乎很好。其實日本人也和其他國家的人一樣，也有壞心眼，請小心。日本的社會，有所謂的「真心話和表面話」，這個習慣常讓其他國家的人感到困惑。因此，日本人常常會說出和內心完全相反的話。如果不能分辨這種「真心話和表面話」，連日本人自己也常吃苦頭。

像是中小學生在學校也會說謊，明明考試前有唸書，卻常騙別人說「完全沒有唸書」。可能是想陷害敵人，或是想裝一副自己很行，不想讓別人看到自己努力的樣子，總之，會裝出一副和平常一樣的樣子。小鬼之間很早就開始過著這種互相試探對方的日子。也有人因為相信對方的表面話「完全沒有唸喔」等等，就認為「那麼，我也不用唸吧～」然後無法進入好學校，無法進入好公司，最後只能成為性情乖僻的大人，一生就這麼毀了。我也時常把表面話「妳不胖啊！」信以為真，雖然在減肥中，還是不斷接受邀約，結果大吃大喝，減肥當然沒有成功過。

日本人は、一見いい人風。

言いたいことを言わずに耐えたり、お世辞を言っ

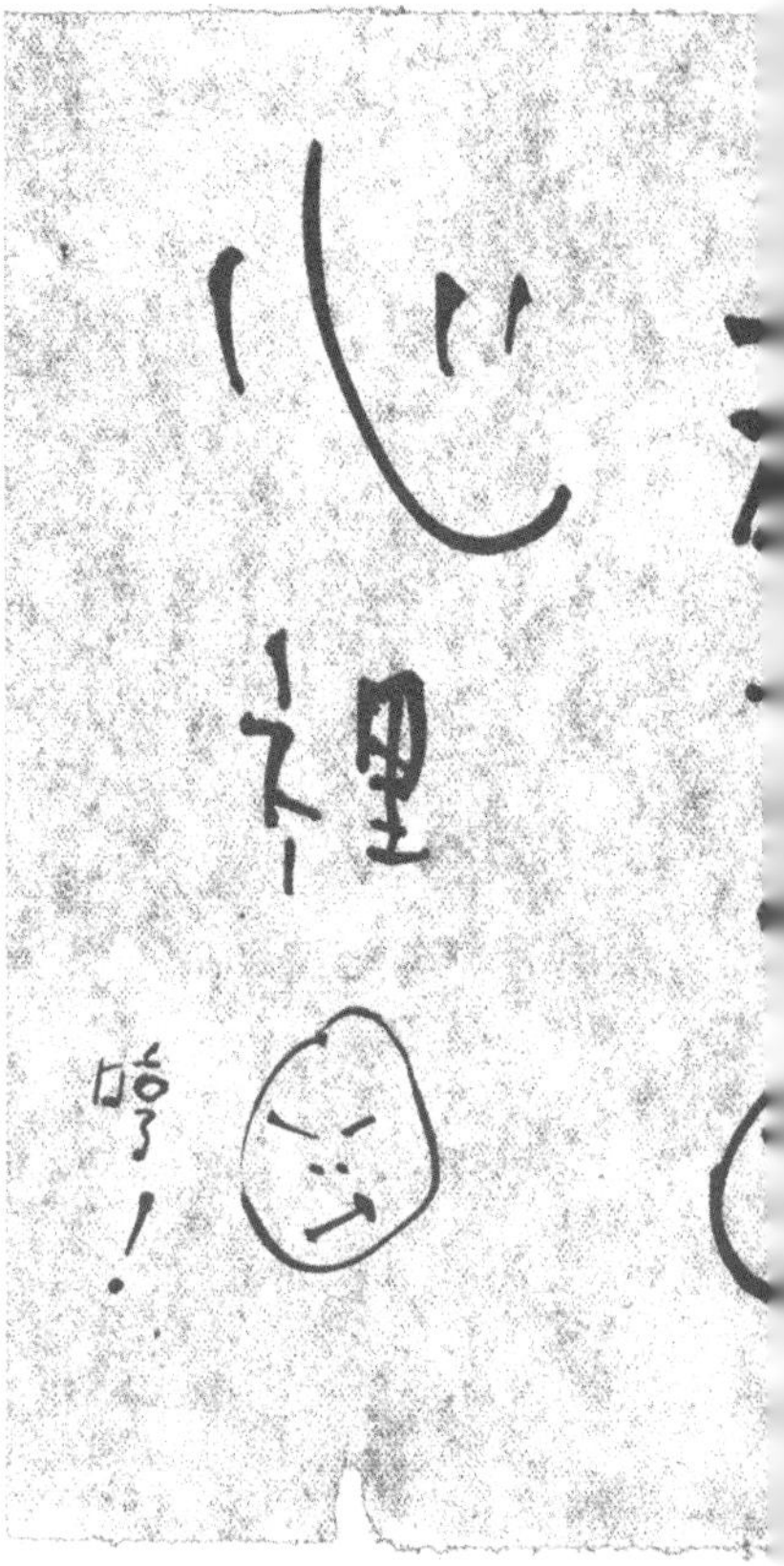

中身（性格）で見分けましょう。

たりするので、人が良さそうに見えるだけ。日本人も他の国の人間同様、普通にワルです。気をつけてください。というのも、日本人の社会には、「本音と建て前」という、よその国の人からすると少し困った慣習があるから。なので、よく腹の底と違う事を言います。この「本音と建て前」に気をつけておかないと、日本人でさえ恐ろしい目に遭います。例えば小中学生ですら、学校でテスト前、勉強してるのに「全然勉強してないよ」とかウソをつきます。敵を陥れようとしてなのか、カッコつけて努力を見せないようにしてるのか、とにかく、特に変わったことはしていないフリをします。こうなったらガキの間でも日々腹の探り合い。この建て前である「全然勉強してないよ」を信じて、「じゃ、私もやらなくてもいいか～」と思ったら、いい学校に入学できず、いい会社に就職できず、果てはイジけた大人になって一生を台無しする人もいます。私も、この建て前で「太ってないよ」と言われたのを度々信じて、ダイエット中にもかかわらず、何度も食事に誘い込まれ、山のように食べてしまいダイエットに成功したことがありません。

明明比標準胖的我，為什麼還能睜眼說瞎話呢？

這就是日本人萬事以和為貴的民族性。害怕衝突爭執，所以不說真話。如果說真話，怕會傷了對方，或是惹對方生氣，所以不想結怨。我們是大和之子，最喜好和平。因為太重視人和人之間的和氣，所以總是忍不住說謊。啊！

因此，尤其是在國外，對於可能不會再見第二次的外國朋友，當然只能說表面話。台灣人或許也會說表面話，但絕對比不上日本人。

Ex.「很抱歉，最近都沒有洗澡，很臭的。」即使因嚴重體臭向對方道歉，對方也會回答：「不會不會，完全不臭。」

Ex. 拿出了失敗之作的超難吃料理，大家的筷子完全不動，嘴裡還是說著：「很好吃啊～」

明らかに標準よりデブな私に向かってどうしてそんなウソをつくのでしょう？

これは、日本人が和を大事にする民族だからです。揉め事を恐れ、真実は伝えません。本当のことを言って、相手を悲しませたり、怒らせたり、恨みやねたみを買いたくないのです。私たち大和っこは、平和が大好き。人と人との和を重んじるあまり、ついついその場しのぎのウソをついてしまう。ああ！

ということで、特に海外では、もう二度と会わないかもしれない外国の友達には、確実に 建て前しか言いません。台湾人も時には 建て前を言うかもしれませんが、日本人はすごく言います。

ex.「ごめんね、最近お風呂に入ってないから臭いの」とひどく臭う体臭を謝っても、「大丈夫だよ、全然臭わないよ」と言う。

ex. 失敗した超まずい手料理を出し、明らかに箸が進んでなくても「おいしい～」と言ったりする。

不胖

Ex. 明明很胖，卻說「不胖！」
ex. デブにも「太ってない」

Ex. 明明很醜，卻說「好可愛～」
ex. ブスにも「かわいい～」

Ex. 明明禿頭，卻說「還過得去」
ex. ハゲにも「まだ大丈夫」

這就是日本人。
これが日本人。

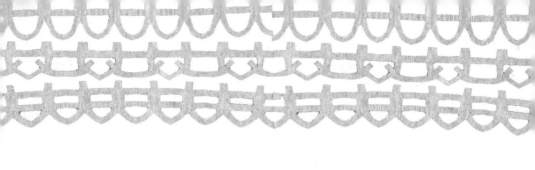

大家都一樣才令人安心。

日本人雖然也有有個性的人和喜歡奇特事物的人，但其實沒有什麼大不了。雖然看起來特別但其實說穿了，本質卻很普通，每每給人「只不過如此啊～」的感覺。因為我讀的是美術大學，看多了那些外表時髦華麗的人，其作品卻也不過普普。要說到本質，台灣人才真的有個性得多。在台灣，因為有價廉的夜市，所以不用擔心錢包大失血，可以輕鬆外出，我想這是原因之一。不用窩在家裡泡在電視和網路前，不會被媒體洗腦，所以個性不會被稀釋。夜市對培育台灣人的個性有很大的貢獻。夜市，萬歲！

大部分的日本人除了被媒體洗腦之外，基本上喜歡和大家一樣的東西。因為不想和別人不同而打亂了最重視的和平。凡是打亂和氣的事物，總是有一種「被排擠」的制裁等著，實在太可怕了，所以日本人很愛「和大家一樣」。

很多來台灣的日本人總是人手一本旅遊書。想吃和書裡介紹的一模一樣的食物，想買書裡介紹的東西。即使是一樣的料理，想介紹他們更便宜更好吃的店，但他們就是要吃書裡介紹的那一家。因為討厭失敗，害怕冒險。我在日本出版的旅遊書『台灣你好

同じが安心。

日本にも個性的な人や変わった物好きがいますが、大したことありません。変わっているように見えても話をすると中身が普通だったりして、なーんだ、というのがほとんどです。私は美大に通っていたので、格好が派手な人に限って作品がへぼかったりするのをたくさん見てきました。中身で語るなら、台湾人のほうがよっぽど個性的です。台湾には夜市があるから、お財布と相談せずに気軽に外出できるのが、多分理由の一つ。家でテレビやインターネット浸けにならず、メディアに洗脳されることなく、個性が薄れない。夜市は、台湾人の個性作りに役立っているのです。ビバ、夜市！

ということで大部分の日本人は、メディアにやられてるのを除いても人と同じが好きです。人と違う事をして大切な和を乱したくないのです。和を乱した者には「仲間はずれ」という制裁が待っていて、恐くて、恐くて、日本人は「みんなと一緒」を愛するようになっています。

台湾にやって来る日本人の多くは、ガイドブックを手にしています。そして、本で紹介されている物と同じ物を食べたがり、買いたがります。同じ料理で、もっとおいしくて安いお店を教えても、本

本子』裡介紹了變裝寫真館，結果有很多客人要求要拍和我書裡一模一樣的服裝和造型。聽到這件事，我真的很想試看看，下次出一本裝扮成「相撲選手」或是「阿龜」（Okame）的書，看還會不會有人想模仿。

＊阿龜＝歷史久遠討人喜歡的日本醜女。其特徵是雙頰鼓起下垂、櫻桃小嘴、下垂的熊貓眼、怪眉毛。也被稱為阿多福，據說能招福。有一個嘴巴和眼睛凸出的男朋友「火男」（hyottoko）。想知道更詳細內容的人請上網自行查閱。

に載っているお店と同じ物を食べたい。失敗はイヤ。冒険も嫌い。私が日本で出したガイドブック『台湾ニイハオノート』の中で、変身写真館を紹介したら、本の中の私の衣装と全く同じ格好をしたがるお客さんが結構いるそう。そんなことを聞いたら、いつか「相撲取り」とか「おかめ」の格好をして本を出して、それでもマネするか試してみたいです。

＊おかめ＝愛嬌がある歴史ある日本のブス。下ぶくれ、おちょぼ口、タレ目、変な眉毛が特徴。福を呼ぶといわれている。口と目が飛び出た「ひょっとこ」という彼氏がいる。ちゃんとした事が知りたい方はインターネットで検索して下さい。

捕獲日本觀光客的方法

日本人観光客の捕獲方法

要建立好朋友的關係，邂逅很重要！
在哪裡，何時，什麼狀況下相遇
可以決定之後的友好關係。

到海外的觀光客的心理，雖看似保守但其實
精神狀態卻是開放的。
雖小心翼翼，卻又很想脫軌。
大家雖然語言不通卻很想和當地的人交談。
但是，日本人很害羞，要和陌生人交談需要勇氣。
請善加利用台灣人平常心和陌生人交談的特性，
捕獲日本人，和他們交談，並且成為朋友。

いい友達関係を築くには、出会いが重要！
いつ、どこで、どんなふうに出会うかによって
その後の友好関係が決まってきます。

海外に訪れる観光客の心理は、守りに入りつつも開放
的な精神状態。ビビりながらも、ハメを外したい感じ。
みんな言葉が通じなくても現地の人と仲良く話して
みたい。でも、日本人は恥ずかしがり屋で
話しかけるのに勇気が要ります。
平気で知らない人に話しかけられる台湾人の特性を生かして、
どんどん捕まえて、話しかけて、日本人と友達になって下さい。

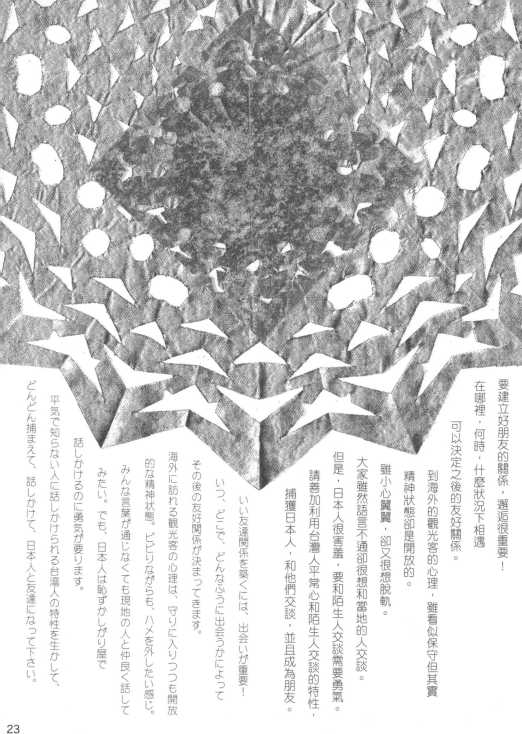

那麼，開始捕捉吧！

不，

請主動和他們搭腔！

在那裡和他們搭腔呢？

入門第一步，永康街和中正紀念堂！

在夜市的話，因為「人多擁擠要小心扒手」，

警戒心會比較高。

所以，士林夜市很難。

故宮也因為多是旅行團，被導遊護著，不容易接近。

さぁ、捕まえよう！

じゃない、
声をかけてください！だ。

どこで声をかける？

手始めは、永康街と中正紀念堂で！
夜市だと、「人ごみはスリに注意」
ということで警戒心が強くなっています。
だから、士林夜市は難しいです。
故宮も団体客が多いので
ガイドにガードされていてやりにくいです。

這裡沒有其他夜市那麼雜亂擁擠，感覺又不錯，是很適合的地方。大部份的人會在鼎泰豐附近探頭探腦地尋找喫茶店，此時請用和善的陽光般笑容向他們搭腔看看：「大丈夫（Daijoubu）？」這時，最好使用簡單的英文或是簡單的日文單字。

我在『台灣你好本子』中灌輸了日本讀者，讓他們特別期待有人可以帶他們到不知道的店。不用真的帶他們去，即使只是騙他們也好，請試著對他們說：「我知道更好吃的店」，他們會開心到想哭。「我知道更好吃的店：motto oishii omise wo shitteiru」請試著照這句台詞說看看。我一定會高興到流淚。（因為我在書裡寫了台灣人會這麼說，這樣我就不算是說謊了）。

來這裡的日本人腦袋裡全都是小籠包。為了小籠包右腳和左腳交替動作。其中也有幾成的人的動力是來自芒果冰和台灣茶。

ここに来る日本人は、頭の中が小籠包でいっぱい。小籠包の為に右足と左足が交互に動いています。動力がマンゴーかき氷と台湾茶の人も何パーセントかを占めています。

他の夜市ほどごちゃごちゃしてないし、感じもいいので丁度いいのです。大体が、鼎泰豊の前後にお茶屋を探してうろついてるので、活きのいい笑顔で「大丈夫?」と声をかけてみてください。その際は、簡単な英語か片言の日本語がいいです。『台湾ニイハオノート』の読者は、特別に知らない店に連れてってもらう事を期待するように仕込まれています。本当に連れて行かなくてもいいので、ウソでもいいから「もっとおいしいお店を知っている」と言うと、泣いて喜びます。「もっとおいしいお店を知っている…motto oishii omise wo shiteiru」とこのセリフを全く同じように言って下さい。私が泣いて喜びます(だって、台湾人がこう言うって書いちゃったんだもん、言ってくれたら私が嘘つきよばわりされずに済む)。

ここも故宮と同様に団体客が多いです。団体客は時間に追われているのでやっても無駄。だから、無視、無視。

できれば朝行って、そして、ウソでもいいので運動をしてるフリをする。

太極拳か気功が一番いいのですが、ダンスでも、でたらめ体操でもいいです。

すると、日本人からは興味津々の熱いまなざしで見られます。仲間に入りたそうに近づいてくる事もあります。そこで、一気に捕獲！　その嘘の運動を教えつつ仲良くなってください。運動風景を見に来る観光客はまだまだ少数派ですが、わざわざ見に来る人は好き者（変わり者）なので友好的です。でたらめ体操で罠を仕掛けるだけで、捕まえる手間が省けますよ。

中正紀念堂

（臺灣民主紀念館）

這裡也和故宮一樣有很多團體觀光客。去追旅行團是沒有用的。所以，請直接忽略、忽略。

最好是早上去，然後，假裝是在做運動也行。太極拳或氣功是最棒的，跳舞或是做怪怪的體操也可。這麼一來，日本人一定會以熱切的眼神盯著看，也有人會靠近表現出一副很想加入的模樣。此時就能一舉捕獲！ 一邊假裝教他們怪怪的運動，藉機和他們建立良好的關係。來看運動風景的觀光客還算少數，會特意來看的人多半是比較好奇又友善的人。編些奇怪的體操，他們很容易就上勾了。

開始暖身吧

準備しましょう

捕獲道具

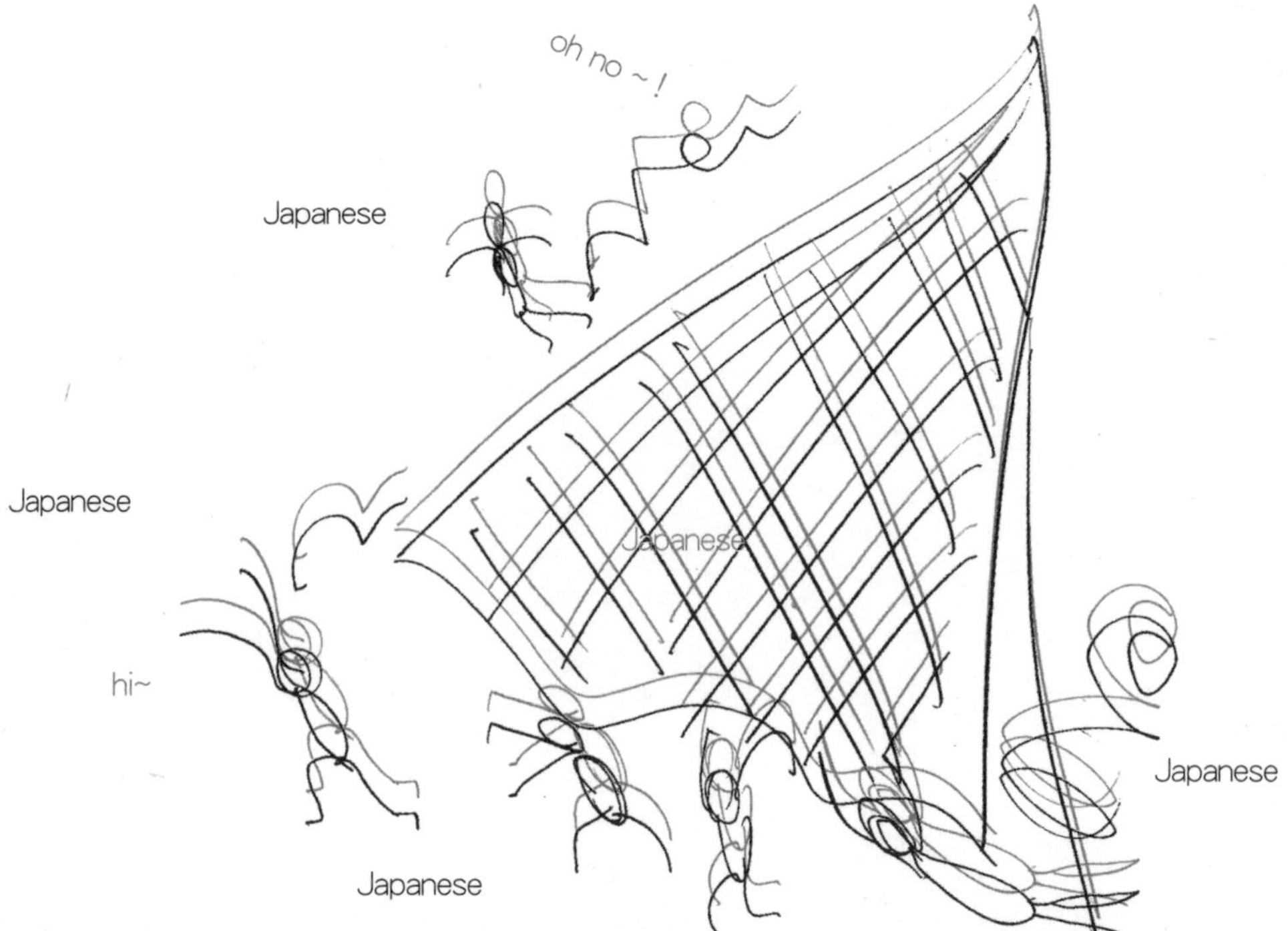

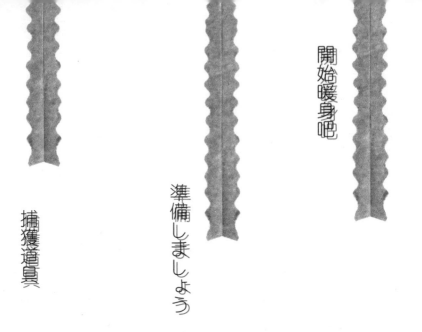

・奇怪的日文

日文很爛也沒關係。只要連續把會的單字都說出來！

能讓日本人笑出來，那麼八成能成功捕獲日本朋友。

・很破的英文

一聽到很流利的英文，日本人的腦袋會無法思考，請小心。

・筆和紙

可以和日本人用筆對談。但是，字太草可能他們會看不懂，所以請一筆一畫寫出正體字。

・好吃的東西

邊走邊吃時，遇到日本觀光客最好故意裝做很好吃的樣子給他們看→日本人會目不轉睛盯著看→告訴他們在哪裡買的→成功捕獲！

或是主動和他們說話，或被對方問話時，只要以可以介紹他們許多好吃的店做為誘餌，他們就會很容易黏上來。詳細的方法請參照 step2。

・笑容

笑容可以緩和對方的緊張感。也能拉近心理的距離！

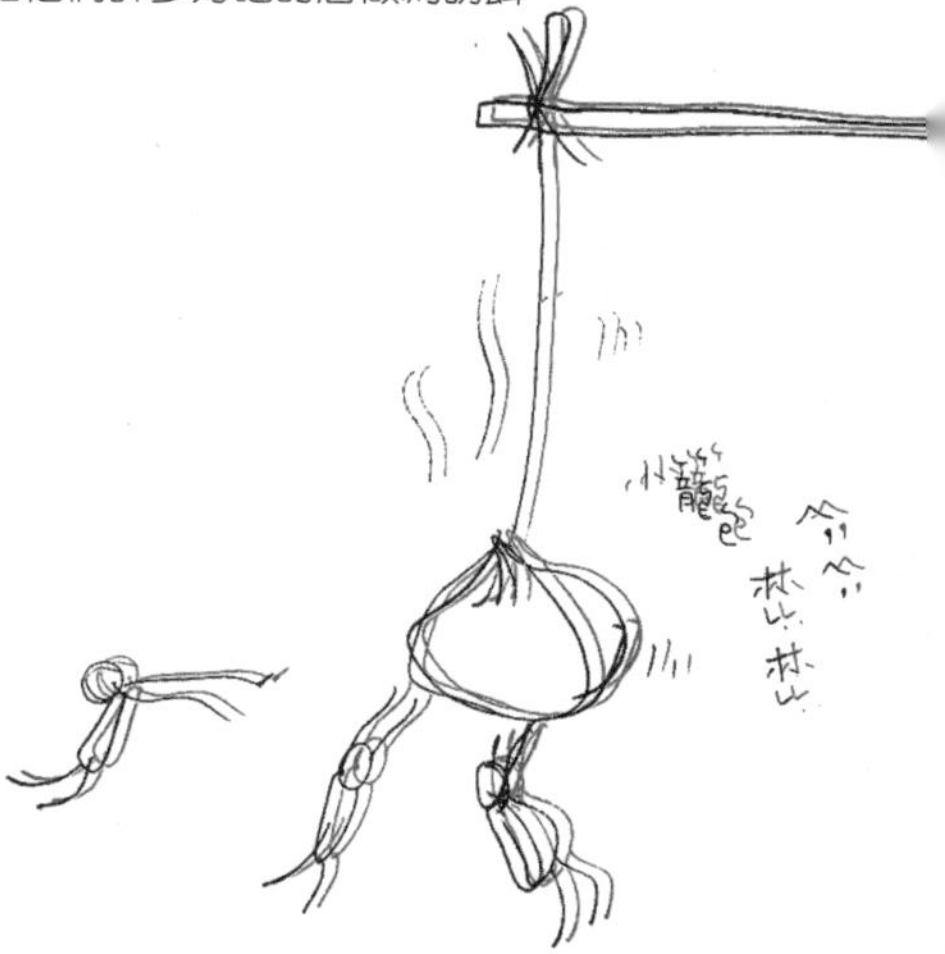

・変な日本語

下手でもいいです。知ってる限りの単語を連発する！

笑いをとったら８割は日本人の友達捕獲成功です。

・下手な英語

ウマい英語を聞くと、日本人は脳が動かなくなることがあるので気をつけましょう。

・筆記用具

日本人とは筆談で会話ができます。でも、草書は読めないので楷書で丁寧に書いてやってください。

・おいしいもの

食べ歩き中に日本人観光客に会ったら、その食べ物をわざとおいしそうに食べ、見せびらかすようにする→日本人がジッと見つめて来る→売ってるところを教えてやる→捕獲成功！

もしくは、話しかけた時、かけられた時においしいものをたくさん紹介してあげられると簡単にくっついて来る。詳しいやり方は Step2 を参照。

・笑顔

笑顔で捕獲対象の緊張を和らげられます。心の距離をぐっと近づけられまーす！

確認自己的樣子！

・穿著會不會太寒酸？
不必穿得像有錢人，但也不能太窮酸或是看來髒髒的，這樣會很像來騙錢的或是想藉機白吃白喝。

・有沒有怪怪的地方？
「怪」的定義雖然很多，很難說得清楚，但是做什麼都不要太過頭才是！太親切或太熱心很奇怪，明明是第一次見面，太開朗會被認為「是不是笨蛋啊？」至少我在日本常被這麼誤會。所以，對第一次見面的人最好成熟穩重一點。

・背好了幾句簡單的日文和英文單字了嗎？
使用極簡單的單字是重點。此時，台灣人有可能發音不太正確而無法溝通，日文腔的英文和中文腔的英文差很多，所以請放慢語調說清楚。

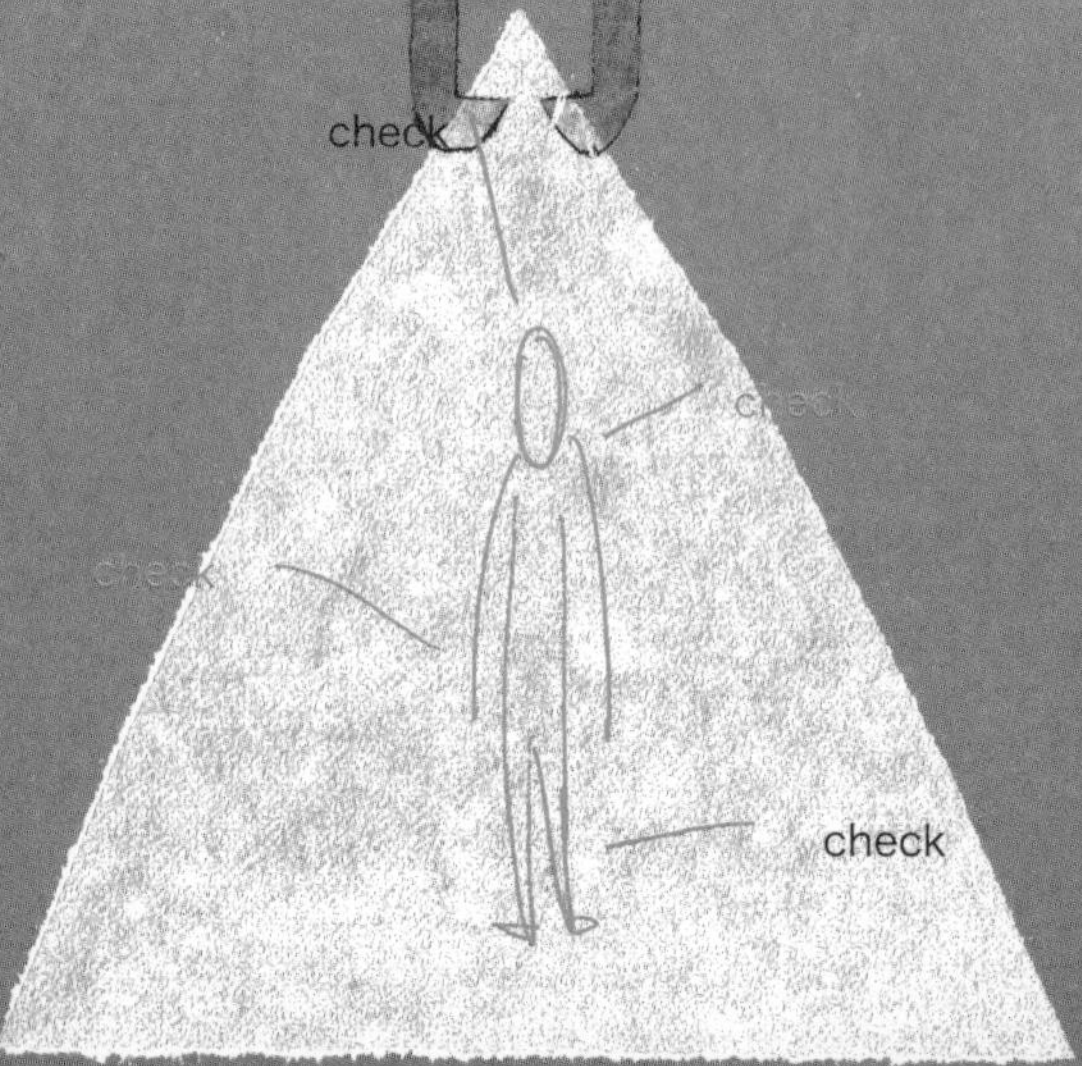

自分をチェック！

・服装は貧乏臭くないですか?
金持ち風じゃなくてもいいけど、貧乏臭い格好や汚い格好をしてるとお金をとられそう、たかられそうと思われます。

・怪しくないですか?
「怪しい」の定義も色々あるので、何とも言いがたいのですが、何でもやり過ぎはダメ！ 親切も丁寧も熱心も過剰だと怪しいし、やけに明るくても初対面の場合は、馬鹿かと思われます。少なくとも私は、日本ではそう思われています。だから、初対面の場合は、少し暗めに（おとなしめに）するようにしています。

・簡単な日本語と英語の単語をいくつか暗記しましたか?
極々簡単な単語を使うのがポイント。その際、発音が正しくない可能性もあるし、日本語なまりの英語と中国語なまりの英語はだいぶ違うので、ゆっくりハッキリ言ってください。

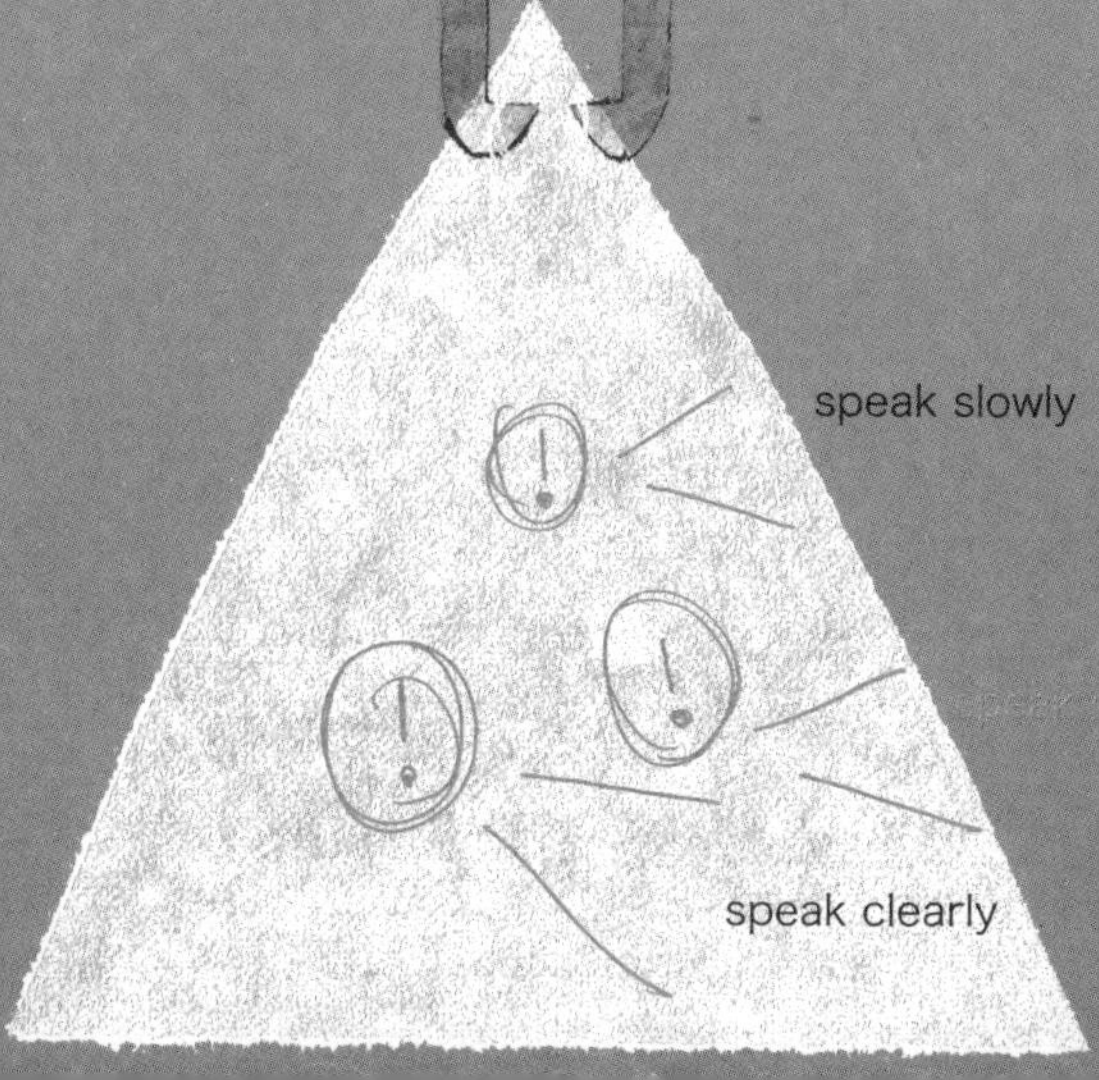
speak slowly
speak clearly

但是……

日本人一旦被陌生人搭腔，很多人會一臉驚慌地逃跑。連我們這種住在台灣的日本人，看到迷路的日本人想幫忙時，他們也會害怕的跑走，似乎認為我們是奇怪的人。有時，對他們很親切，卻被對方回以失禮的態度。

日本人因害怕小孩被誘拐，從小就被教育，「不能和陌生人交談」。日本人被教育成不認識的人就意味著壞人。所以，如果曾好心對日本人攀談，但日本人卻慌忙逃走，覺得很受傷的話，我向大家道歉。我們就是這樣被教大的，實在是沒輒。我只能祈求台灣人不要因此感到受傷，盡量向日本人搭腔。

でもね…

日本人って、知らない人から声をかけられると、まず、怪訝な顔をして逃げる人が多いです。私たち台湾に住んでいる日本人ですら、道に迷っている日本人を助けようと声をかけても逃げられます。変な人だと思われるようです。時には、親切にしようとして失礼な態度を取られることがあります。

日本人は、子供の時に誘拐防止のため、「知らない人とは喋っちゃいけません。」と言われて育ちました。ある意味、知らない人はみんな恐い人と教育を受けています。もし、声をかけてくれた台湾の人が、日本人に逃げられて嫌な思いをしたら、ごめんなさい。そういう風に習っちゃったんで、どうしようもないんです。台湾人が、それでも懲りずにどんどん日本人に声をかけてくれるよう祈っています。

附錄 日本人地區個性分佈圖

因為各地方的人有不同的個性，所以問對方的出身地或許可以做為判斷對方個性的參考。我只能寫我知道的，對於那些我不知道的地方，請多包涵。

各地方によって人柄が違いますので、出身地を聞くとどんな人間か判断するのに少しだけ役立つ事もあります。知らない地方のことは書いてありません。ごめんなさい。

北海道
女人很堅強有毅力。
女の人にガッツがある。
東北
人情味濃，很關照對方
和這類人變成好朋友，
去日本玩時最可能受到親切的招待。
情が厚い。面倒見がいい。
仲良くなって日本に遊びに行くと
親切にしてもらえる可能性が高い。
関東
乾脆型。這類型的人很難和他們建立
台灣人喜歡的黏稠關係。
あっさりしている。台湾人好みの
べったべたの友達関係は築きにくいかも。
静岡県
豁達開朗，懶散，但可不笨。
おおらか。でもバカじゃない。
愛知県
岐阜県
比較有活力，愛殺價
和他們交往很有意思，但卻有點累。
比較的パワフル　値切る
付き合うとオモシロイけど、疲れるかも。
関西
商人性情、狡猾、精明、率直
但似乎總能長久交往。
商人系。ずるい。賢い。
馴れ馴れしい。
でもなぜか長い友達になれる。
沖縄
熱情、人情味濃。
情熱、人情がある。

付録 日本人の人柄分布図